AF351147

9 789948 234753

واحة الحكايات للنشر والتوزيع
جمهورية مصر العربية
الإمارات العربية المتحدة
واحة دبي للسليكون
Wahat Alhekayat publishing
and distribution
Dubai - UAE
UAE: 0097143336366
00971504599804
00971558236687
E: info@wahatalhekayat.com
موقع الكتب الورقية
www.wahatalhekayat.com
مكتبة إلكترونية ومنصة تعليمية
www.wahatalhekayat.academy
سلسلة لكل حرف حكاية
قصة: ألعاب الحديقة
تأليف: صفاء عزمي
رسوم: زينة المسيري
ISBN 9789948234753

ألعـابُ الحَديقـة

تأليف: صفاء عزمي
رسوم: زينة المسيري

سلسلة لكل حرف حكاية:

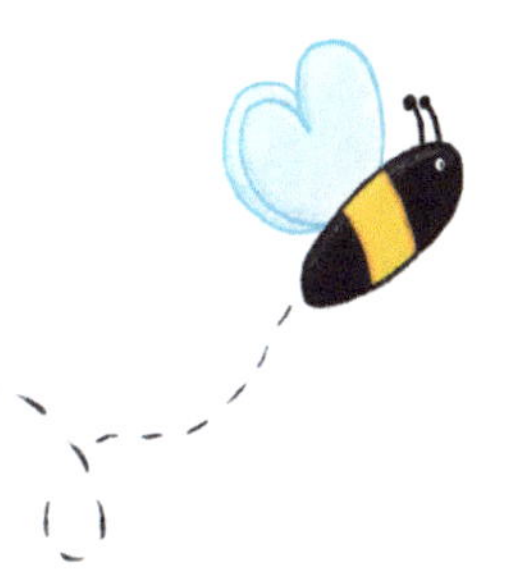

- مجموعـة مكونـة مـن 28 قصة مرتبة تبعا لترتيب ترتيبُ واحةِ الحِكاياتِ للحُروف العربية

تـمَّ ترتيـبُ الحُـروفِ العربيَّـةِ ترتيبًـا جديدًا (أ ن ب ر و هـ ز ... غ)، وهُوَ ترتيبٌ خاصٌّ بواحةِ الحِكاياتِ، ومُسـتوحًى مـنَ التَّرتيـبِ الأبجدِيّ (أ ب ج د هـ و ز... غ).

- تمَّ تقسـيمُ الحُروفِ (28 حرفًا) إلى 7 مجموعاتٍ (كلُّ مجموعةٍ 4 حروف).

- تمَّ اختيارُ الحُروفِ الأربعةِ في كلِّ مجموعةٍ على أسـاسِ سُـهولةِ التَّمييزِ فيما بينَها، منْ ناحيةِ الشَّـكلِ والنِّقاطِ على الحَـرفِ، وذلـكَ تمهيـدًا لتقديمِ ومُراجعةِ كُلِّ 4 حُـروفٍ و 4 قِصصٍ في فترةٍ زمنيَّةٍ مُتقاربة.

- كما تمَّ اختيارُ بعضِ الحُروفِ منَ الكلماتِ الأكثرِ شُـيوعًا في مرحلةِ الرَّوضةِ والصفِّ الأوَّلِ، مثل: (أنا- هُــو- هي- هُنـا- هُنـاك- كانَ- لا- لِي- لَعِـب- رَسْـم)، ووضْعُها في مكانٍ متقدِّمٍ من ترتيبِ واحـةِ الحِكاياتِ، وأيضًا اختيارُ الحُروفِ الأكـثرِ اسـتعمالًا في اللُّغـةِ العربيَّةِ، ووضْعُها في مـكانٍ مُتقدِّمٍ منْ ترتيبِ واحةِ الحِكايات.

أ ن ب ر و هـ ز ك ل ي م ض خ ت د ص ج س ذ ف ح ع ق ط ظ ش ث غ

دُق... دُق... سورَ الحَديقَةِ...
دُق الـمِسمارَ في الأخشابِ..

دُق... دُق... سورَ الحَديقَةِ...
دُق... دُق... لا تَنسَ البابَ.

5

ادْهُـــنْ... ادْهُـــنْ...
سـورَ الحَـديقَةِ...
ادْهُنْ لَوِّنْ بِالأْلْوانِ..

8

ازْرَعْ وَرْدًا في الحَديقَةِ...
أَحْمَرَ... أَصْفَرَ... زَيّنِ الـمَكانَ.

أَحْضِروا لُعْبَةً جَمِيلَةً... هُنا...
هُنا... أَرْنَبُ أَرْوى...

أَحْضِروا لُعْبَةً جَميلَةً... هُنا... هُنا... أَسَدُ إيهاب.

12

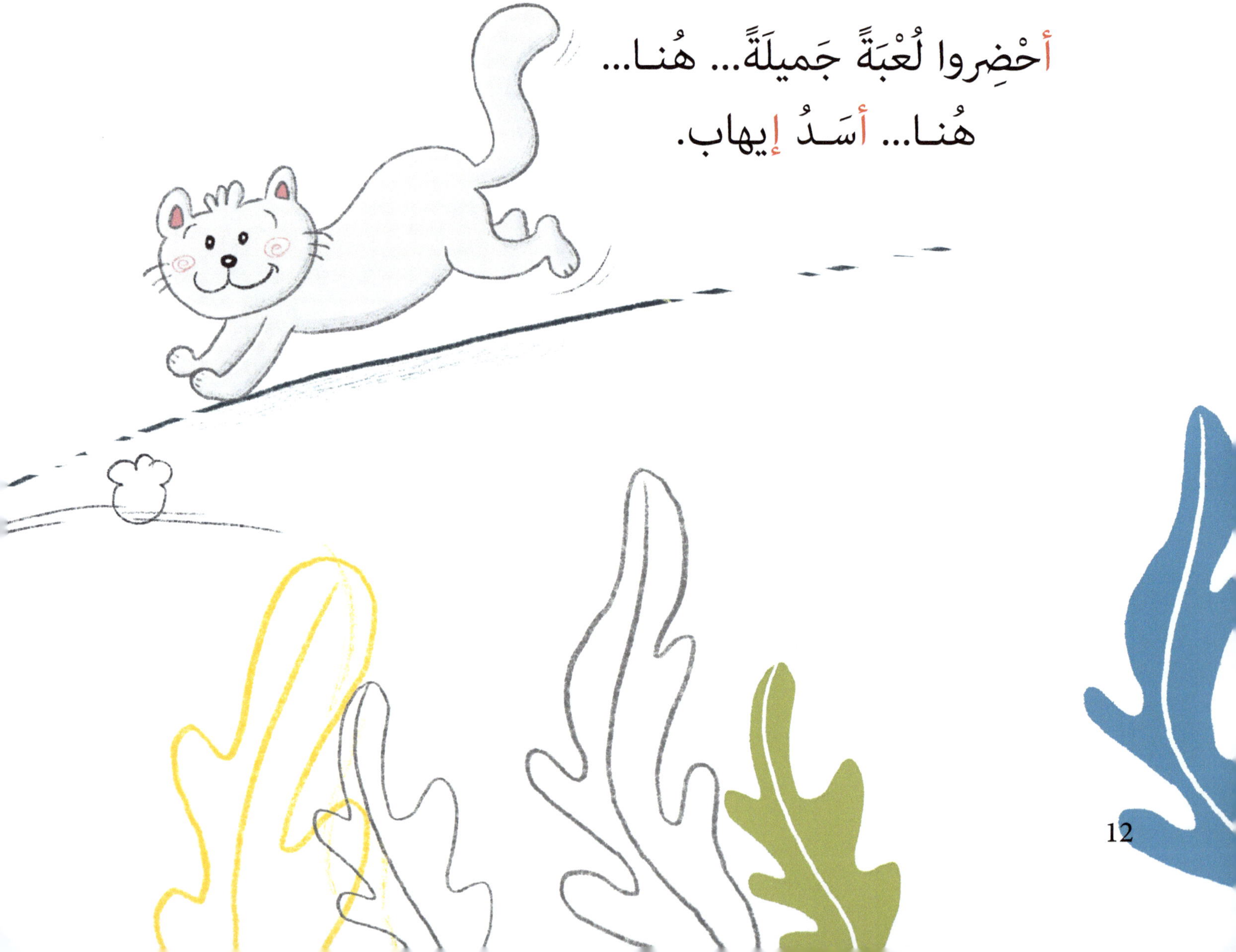

13

حانَ وقْتُ اللَّعِبِ...
افْتَحوا الأبْواب...

هَيّا... هَيّا
يا أصْحاب...

كَيْ تَلْعَبوا مَعَنا
بِالألعابِ.

15

نِقاشٌ: في القِصَّةِ قامَ الصِّغارُ بِعِدَّةِ أَنْشِطَةٍ، فَما هُوَ النَّشاطُ الَّذي أَعْجَبَكَ؟

تَفْكيرٌ: لِماذا دَقَّ الصِّغارُ المِسْمارَ في الأَخْشابِ؟

تَأَمُّلْ: في صَفْحَةِ (6-7)، ما هُوَ لونُكَ المُفَضَّلُ في الصُّورَةِ؟

اِقْتِراحٌ: أَقْتَرِحُ عُنْوانًا جَديدًا لِلقِصَّةِ.

وَصْفٌ: أَبْحَثُ في الحَديقَةِ عَنْ كائِنٍ صَغيرٍ جِدًّا، وأُعَبِّرُ عَنْهُ بِعِدَّةِ كَلِماتٍ.
مِثالٌ: دُعْسوقَةٌ صَغيرَةٌ، جَميلَةٌ، حَمْراءُ، فيها نِقاطٌ.

أفْكارٌ لِلأُسْرَةِ والمُعَلِّم

- في الصَّفْحَةِ المُقابِلَةِ، نَجِدُ مَجْموعَةً مِنَ الأفْكارِ الَّتي تُساعِدُ عَلَى تَنْمِيةِ مَهاراتٍ أساسِيَّةٍ لَدَى الطِّفْلِ، مِثْلَ: القُدْرَةِ عَلَى النِّقاشِ والتَّفْكيرِ التَّحليلي النّاقِدِ، وقُوَّةِ المُلاحَظَةِ، والتَّواصُلِ، والإبْداعِ.
- يُمْكِنُ أَنْ نأخُذَ بِهَذِهِ الأفْكارِ، جَميعِها أوْ بَعْضِها.
- يُمْكِنُ أنْ نُكَرِّرَ قِراءَةَ القِصَّةِ، وفي كُلِّ مَرَّةٍ نَخْتارُ بَعْضَ الأفْكارِ لِنُناقِشَها.
- إذا أحَسَّ الطِّفْلُ بالنُّعاسِ أثْناءَ القِصَّةِ، مِنَ الأفْضَلِ أنْ نَتَوَقَّفَ ونُكْمِلَ القِصَّةَ لاحِقًا.
- في بَعْضِ الأحْيانِ يُجيبُ الطِّفْلُ عَلَى النِّقاشِ بِـ«نَعَمْ» أوْ «لا»، أوْ بِكَلِمَةٍ واحِدَةٍ. في هَـذِهِ الحالَةِ أُعْطِي الطِّفْلَ بَعْضَ الوَقْتِ؛ كَيْ يَبْحَثَ عَنْ جُمْلَةٍ أوْ فِكْرَةٍ، ويُمْكِنُ أنْ أُحَفِّزَهُ عَلَى الاسْتِمْرارِ في الحَديثِ بِكَلِماتٍ مِثْلَ: أحْسَنْتَ، رُبَّما، لِماذا؟ كَيْفَ؟ أيْنَ؟ هَلْ تُحِبُّ؟ هَلْ تَعْتَقِدُ؟

- الهَدَفُ مِنْ هَذِهِ القِصَصِ لَيْسَ فَقَطِ الاسْتِمْتاعَ بِالقِراءَةِ، وتَعَلُّمَ الحُروفِ، ولَكِنَّهُ أيْضًا رَبْطُ أحْداثِ القِصَّةِ والشَّخْصِيَّاتِ والأماكِنِ بِعالَمِ الطِّفْلِ، وتَنْمِيةُ هِواياتِهِ وقُدْرَتِهِ عَلَى التَّعْبيرِ.

أكاديمية واحة الحكايات   متجر واحة الحكايات